WOCHENENDER

BRANDENBURG
SÜDWESTEN
Potsdam
Potsdam-Mittelmark
Brandenburg an der Havel
Teltow-Fläming

Bei aller Sorgfalt, die wir in die Recherche gesteckt haben, kann es nach Druck immer zu Änderungen oder Abweichungen kommen. Läden, Lokale und Hotels können umziehen, schließen oder zum Wunschtermin ausgebucht sein. Um auf Nummer sicher zu gehen, empfehlen wir, sich grundsätzlich möglichst im Voraus auf den Websites zu informieren.

WILDE NATUR UND SCHÖNE KÜNSTE

Wie gut es Berliner*innen haben! Gleich hinter ihrer Stadtgrenze liegt: Brandenburg. Und das in jeder Himmelsrichtung. Wild und einsam ist es dort, gleichzeitig ein Land der schönen Künste. Rund um Potsdam haben Fürsten, Könige und Kaiser eine einzigartige Weltkulturerbe-Landschaft mit zahlreichen Schlössern, Herrenhäusern und Gärten erschaffen. Weil es hier schon immer etwas grüner, blauer und einfach entspannter war als in Berlin. Nicht ohne Grund taufte Friedrich der Große seinen Sommerpalast *sans souci* – ohne Sorgen.

Weiter im Süden herrscht dann die Natur: schier endlose Wälder, sanfte Hügel und weite Wiesen, blühende Heidelandschaften und viel, sehr viel Wasser. Wie blaue Farbtupfer leuchten die Seen und Flüsse in der grünen Landschaft. So lässt sich der Südwesten Brandenburgs auch vom Wasser aus ganz hervorragend erkunden. Je südlicher man kommt, desto gemächlicher geht es zu. Hier hat man sogar seine Ruhe vor anderen Ruhesuchenden. Was soll man sagen: Brandenburg tut der Seele gut.

INHALT

⊙ *Fortlaufend nummerierte Ziele*

BRANDENBURG SÜDWESTEN

STETTIN
POLEN
BERLIN
BRANDENBURG
AN DER HAVEL
POTSDAM
POTSDAM-
MITTELMARK
TELTOW-
FLÄMING
LEIPZIG
0 10 20 30 km
N

Baruth/Mark | Teltow-Fläming

POTSDAM

Als der Alte Fritz noch nicht alt, sondern Mitte 30 war, ließ er sich 40 Kilometer von der Hauptstadt entfernt ein Lustschlösschen errichten, dem er den schönen Namen „Ohne Sorge“ gab – *Sanssouci*. Und die Stadt hat noch weit mehr zu bieten. Allein, um die Potsdamer Galerien und Museen zu besuchen, müsste man einen Jahresurlaub aufwenden. Das Studio Babelsberg ist das erste große Filmstudio der Welt und erlebt seit ein paar Jahren ein Revival. Ein Spaziergang durch den Babelsberger Park, Teil des UNESCO-Welterbes, lässt sich im Tiefen See abschließen, wo man einen Blick auf die gründerzeitlichen Villen am anderen Ufer hat. Im Holländischen Viertel, wo sich Handwerker*innen aus den Niederlanden niederließen und ein Stückchen Heimat bauten, drängen sich Bars, Cafés und Galerien. In jedem Fall sollte man seine Aufwartung auch dem Alten Fritz machen, der erst nach der Wiedervereinigung in *Sanssouci* begraben wurde, wie er es sich gewünscht hatte. Vor der schlichten Steinplatte auf der Terrasse kann man über den Brauch staunen, zu seinen Ehren Kartoffeln auf sein Grab zu legen.

POTSDAM

⊙ *Fortlaufend nummerierte Ziele*

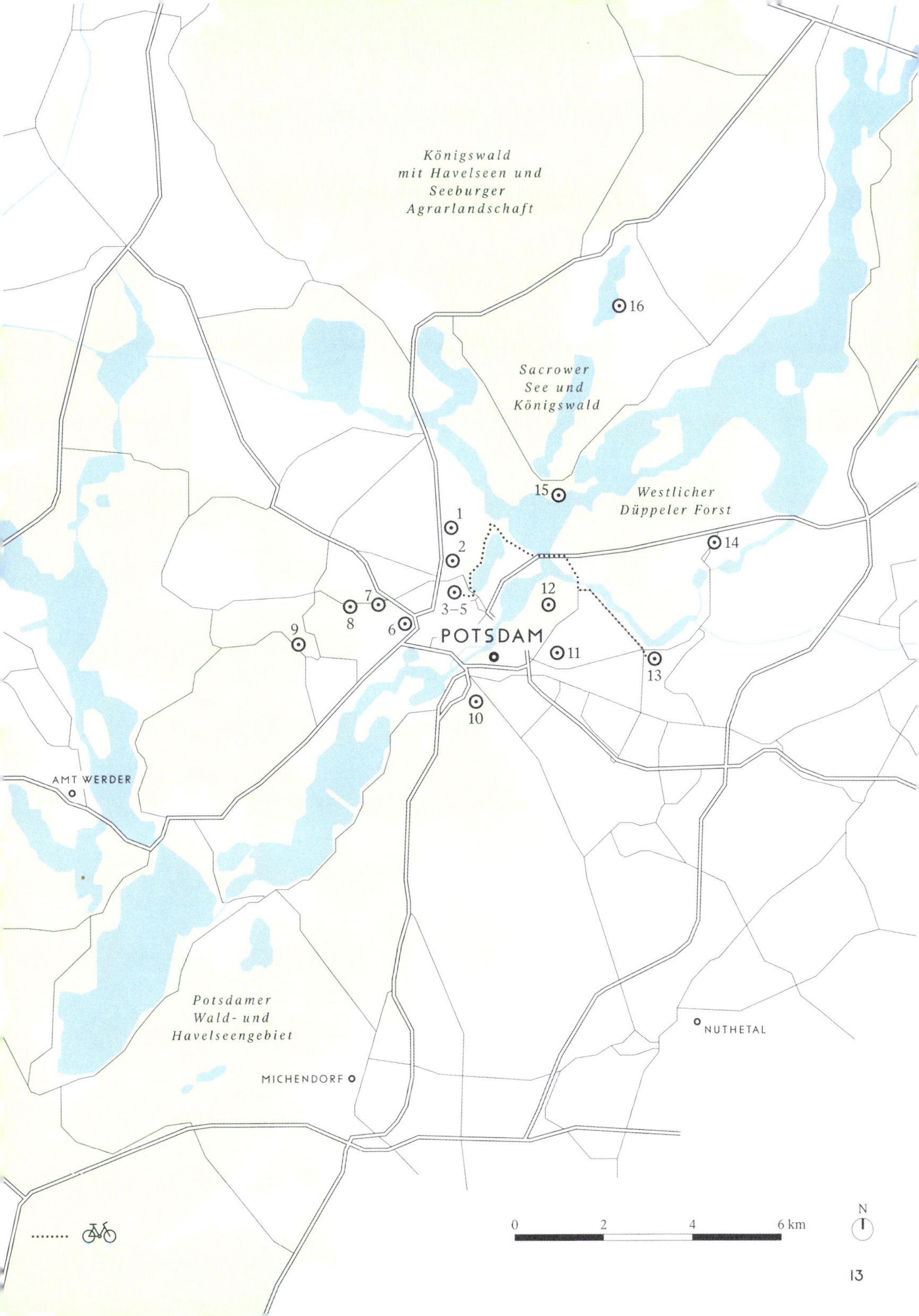

Königswald
mit Havelseen und
Seeburger
Agrarlandschaft
16
Sacrower
See und
Königswald
15
Westlicher
Düppeler Forst
1
2
14
3–5
12
7
8
6
9
POTSDAM
11
13
10
AMT WERDER
Potsdamer
Wald- und
Havelseengebiet
NUTHETAL
MICHENDORF
0
2
4
6 km
N

BELVEDERE AUF DEM PFINGSTBERG

SPAZIERGANG

⊙ 1

Es war einmal ein König, Friedrich Wilhelm IV. Der war so unrettbar verliebt in die Aussicht vom Pfingstberg über Potsdam, dass er ein Schloss errichten ließ und drum herum einen Garten. Ehe es fertig war, starb der König, das Schloss wurde ein wenig kleiner dennoch vollendet, doch dann verfiel es fast, weil es in den Kalten Krieg geraten war, Sperrgebiet nach dem Mauerbau. Nach der Wende instand gesetzt, ist das *Belvedere* nun wieder ein magischer Ort hoch über der Stadt, mit seinen Türmen und Arkadengängen wie aus der Welt gefallen. Man hört nicht viel von der Stadt hier, dafür umso mehr Vogelgesang, der Panoramablick ist spektakulär, an klaren Tagen kann man bis nach Berlin sehen und begreifen, dass man manchen Aussichten Schlösser bauen muss.

Neuer Garten, 14469 Potsdam
pfingstberg.de

MUSEUM ALEXANDROWKA

MUSEUM UND GARTENCAFÉ

⊙ 2

Mitten in Potsdam steht man urplötzlich in einem russischen Dorf – zwölf Blockhäuser, die aussehen, als könnte aus einem von ihnen gleich Tolstoi treten, Schnitzereien an den Hausfronten und kleine Fenster mit Holzläden, überall schwer tragende Obstbäume. Friedrich Wilhelm III. ließ die Anlage 1826 zum Gedenken an den russischen Zaren Alexander I. errichten und quartierte russische Sängersoldaten ein. Die Wege und Obstbaumalleen wurden von Peter Joseph Lenné rasterförmig um ein Andreaskreuz herum angelegt, zum Ensemble gehört auch auf dem nahe gelegenen Kapellenberg die Alexander-Newski-Gedächtniskirche, von Karl Friedrich von Schinkel nach dem Vorbild der Kiewer Desjatin-Kirche erbaut. Eines der Häuser ist ein Museum, das eine private Initiative von Dr. Hermann Kremer ist und über die Geschichte der Kolonie und ihrer Bewohner*innen informiert, hinterher kann man sich im Restaurant in Haus 1 an Blini, Pelmeni und anderen russischen Spezialitäten laben. Wodka und Mosbeerenlikör gibt es auch.

Russische Kolonie 2
14469 Potsdam
T 0331 8170203
alexandrowka.de

CAFÉ GUAM

CAFÉ

Mittelstraße 39
14467 Potsdam
cafe-guam.de

⊙ 3

Im Herzen des Holländischen Viertels liegt ein Café, das nicht nur einen einzigen guten Käsekuchen anbietet – sondern gleich 30! Tatsächlich sind an einem normalen Tag im *Café Guam* acht bis zehn davon am Start, aufgereiht auf dem Tresen, frische Zitrone, Aprikose, Blaubeere, Brombeere – perfekt, um an einem Tisch auf dem Bürgersteig zu sitzen, das beschauliche Viertelchen in Augenschein zu nehmen, heiße holländische Schokolade zu trinken und zu beschließen, den Rest des Tages gemächlicher anzugehen, man ist ja schon im Paradies.

MISS GREEN BEAN

CAFÉ

⊙ 4

Zunächst die vernünftigen Argumente für das Café *Miss Green Bean* von Julia von La Chevalleries: Es liegt in der Potsdamer City, also zentral. Der Espresso ist stark. Im selbst gebackenen Kuchen ist kein weißer Zucker. Die Zutaten haben Bioqualität, die Bowls sind supergesund, und Veganer*innen bringen hier niemanden in Verlegenheit. Das sollte reichen, um sich hier wohlzufühlen. Es gibt aber einen weiteren guten Grund: Alles, was hier auf den Tisch kommt – der Milchschaum auf dem Matcha Latte, der leuchtende Strawberry Cake, der vegane Aprikosen-Grieß-Kuchen –, sieht so gut aus, als wollte einen ein Instagram-Foodstylist mit grandiosen Fotomotiven beschenken.

Brandenburger Straße 34
14467 Potsdam
T 0331 58253343
missgreenbean.de

TREPPENHAUS IM MILITÄRWAISENHAUS

SEHENSWÜRDIGKEIT

⊙ 5

Kunsthistoriker*innen nennen es „das schönste Treppenhaus Europas". Zu finden sei es in einem ehemaligen Waisenhaus in Potsdam. Schon fragt man sich: Wie schön kann ein Treppenhaus wohl sein? Zumal an einem Ort, an dem Kinder streng militärisch erzogen wurden und nebenbei zeitweilig als billige Arbeitskräfte zum Gold- und Silberdrahtziehen herhalten mussten. Doch glücklicherweise kann man sich selbst ein Bild machen. Unter der weithin zu sehenden Kuppel des ehemaligen Großen Militärwaisenhauses erstreckt sich ein weißes lichtdurchflutetes Treppenhaus, prächtig wie das Innere eines Doms. Normalerweise eilen hier nur die Mitarbeiter*innen verschiedener Ministerien der Landesregierung durch die Gänge. Doch hin und wieder wird es für Konzerte, Denkmaltage oder andere Ereignisse geöffnet. Und schon ist man überzeugt: Unter Europas Treppenhäusern ist dieses hier die Nummer eins.

Lindenstraße 34a, 14467 Potsdam
T 0331 281466
stiftungwaisenhaus.de

CHI KENG

RESTAURANT

Luisenplatz 3, 14471 Potsdam

T 0331 95137757

chikeng.de

⊙ 6

Sichtbetonwände, lange Holztische, offene Showküche – Potsdams bester Asiate macht auch optisch viel her. Für alle, die gern erstklassiges Sushi, Curry und authentische vietnamesische Gerichte essen und es schnell, international und lebendig mögen, ist dieses Restaurant unweit von Altstadt und *Park Sanssouci* ein Paradies, in dem sich auch Vegetarier*innen und Veganer*innen gut aufgehoben fühlen. Im Sommer gibt's auch draußen am Luisenplatz viele Tische.

SCHLOSS UND PARK SANSSOUCI

SEHENSWÜRDIGKEIT

⊙ 7

Ohne Sorgen *(sans souci)* wollte Friedrich der Große die Zeit in seinem Sommerwohnsitz genießen. Wie prachtvoll sich der Philosophenkönig sein Refugium einrichtete, erfahren Besucher*innen am besten bei einer Schlossführung. Doch was den Ort für den Alten Fritz zum „Preußischen Arkadien“ machte, erschließt sich vor allem im *Park Sanssouci.* In strenger Geometrie liegt der Französische Lustgarten dem Weinberg an der Schlossterrasse zu Füßen, ein Meisterwerk französischer Gartenkunst mit Statuen, Hecken und Fontänen. Die Blickachse reicht bis zum zwei Kilometer entfernten Neuen Palais, wo an lauen Sommerabenden Johann Sebastian Bachs „Brandenburgische Konzerte“ erklingen. Der schönste Weg dorthin führt aber entlang der Wasserläufe durch den romantischen englischen Landschaftspark. Auf weiten Wiesen wehen Margeriten im Sommerwind, Baumgiganten spenden Schatten. Wahrhaft arkadisch.

Maulbeerallee, 14469 Potsdam
T 0331 9694200
spsg.de

SANS SOUCI

BOTANISCHER GARTEN DER UNIVERSITÄT POTSDAM

PARK

⊙ 8

Wem das nahe *Sanssouci* zu trubelig und der tropische Regenwald zu weit entfernt ist, fühlt sich im Botanischen Garten Potsdam gut aufgehoben. Auch dort gibt es hübsche historische Bauten wie das Brunnenhäuschen *Stibadium*. Vor allem aber unterhält der botanische Garten eine riesige Sammlung exotischer und heimischer Pflanzen, insgesamt knapp 10.000 Arten. Fast die Hälfte davon wächst in zwölf Gewächshäusern, und wer durch sie bummelt, unternimmt eine botanische Weltreise. Bis ans Glasdach reichen die Palmen im denkmalgeschützten Palmenhaus mit tropischem Urwald, es gibt Feuchtgebiete mit Orchideen und exotischen Wasserpflanzen und Wüsten mit Kakteen und Sukkulenten aller Größen. Zurück nach Europa und Deutschland geht es draußen im Paradiesgarten – zum Beispiel in einen mitteleuropäischen Laubwald oder in eine Alpenlandschaft.

Maulbeerallee 2, 14469 Potsdam
T 0331 9771936
uni-potsdam.de/de/botanischer-garten

WASSERTURM AM PARK SANSSOUCI

FERIENWOHNUNG

Werderscher Damm 5, 14471 Potsdam
T 0163 2182402
wasserturm.holiday

⊙ 9

91 Stufen muss man bis zur Terrasse hochklettern. Oben, über den Wipfeln des *Wildparks Sanssouci,* wird man mit einem Panoramablick und dem erhabenen Gefühl belohnt, an einem sehr besonderen Ort untergekommen zu sein. Der 1910 errichtete Wasserturm, der einst Dampflokomotiven versorgte, wurde vom Architektenpaar Katrin Wirth und Daniel Alonso González in jahrelanger Arbeit liebevoll restauriert und ist nun eine Ferienwohnung: sechs Etagen, in denen Küche, Schlafräume mit Bädern und ein Wohnzimmer untergebracht sind, alle verschieden hoch und mit ganz eigenem Charakter, aber alle turmrund. Bis zu acht Menschen können hier schlafen, empfohlen wird von dem Gastgeberpaar allerdings sechs, damit man das Wohnzimmer nutzen kann.

ABENTEUERPARK POTSDAM

KLETTERWALD

⊙ 10

Insgesamt zehn Parcours führen in unterschiedlichen Höhen von Baum zu Baum, über Netze, Seile, Balken, Brücken, selbstverständlich mit einem durchlaufenden Sicherheitssystem vor Bruchlandungen geschützt und bei Bedarf von Parkranger*innen assistiert. Die Kleinen fangen einen Meter über dem Boden an, sodass ihre Eltern mitlaufen können. Expert*innen schwingen sich bis auf zwölf Meter Höhe hinauf, und Genießer*innen rauschen auf einer Riesenseilrutsche 200 Meter bergab. Auf dem Boden gibt es Stärkung im Biergarten oder im Riesen-Tipi.

Albert-Einstein-Straße 49
14473 Potsdam
T 0331 6264783
kletterpark.info

LUKAS CAFÉ

CAFÉ & BISTRO

⊙ 11

Drinnen ist wenig Platz, draußen auf dem Gehweg stehen ein paar mintgrüne Tische, an denen manchmal Passant*innen für einen spontanen Plausch anhalten. Die Atmosphäre ist entspannt, es gibt vegetarisch-vegane Bowls, Salate und Tortillas, Pasteis de Nata, Empanadas oder Pancakes und einen ausgezeichneten Kaffee. Und falls auf der gepolsterten Bank im Schaufenster ein Zwergpinscher sehr souverän die Lage peilt, hat das seine Richtigkeit: Es ist Lukas, nach dem Saquira Ocampo ihr Café in der idyllischen Einkaufsstraße von Babelsberg benannt hat.

Karl-Liebknecht-Straße 20
14482 Potsdam
T 0331 23532772
lukas-cafe.com

Lukas Café

PARK BABELSBERG

SPAZIERENGEHEN

⊙ 12

Glücklicherweise ist der Park Babelsberg weniger berühmt als andere Potsdamer Welterbe-Stätten. Deswegen kann man hier recht ungestört lustwandeln oder auch joggen. Im Sommer kommen die Potsdamer*innen zum Chillen und Schwimmen ins Strandbad; im Herbst umspielt buntes Laub Schloss Babelsberg, Gerichtslaube und Matrosenhaus. Ewiger Dank also dem Fürsten Hermann von Pückler-Muskau – nicht nur für das nach ihm benannte Eis, sondern auch dafür, dass er den Landschaftspark vollendete, nachdem sein Vorgänger Peter Joseph Lenné gefeuert worden war. Wir empfehlen eine Runde, die an der Brücke zwischen Babelsberg und Klein Glienicke startet und über das Schloss mit Blick auf die Glienicker Brücke zum Flatowturm führt. Zurück geht es am Wasser.

Park Babelsberg, 14482 Potsdam
spsg.de

VON BABELSBERG INS HOLLÄNDISCHE VIERTEL

RADTOUR (15 KM)

Start:
S-Bahn Griebnitzsee
14482 Potsdam

⊙ 13

Potsdam ist wunderbar grün und tiefenentspannt, und damit das so bleibt, sollte man das Auto lieber stehen lassen. Auf dem Fahrrad kommt man den Seen, Parks, Schlössern und der allgegenwärtigen Geschichte ohnehin viel näher. Und falls einem die Füße schwer werden, springt man einfach ins Wasser, zum Beispiel am Heiligen See. Unsere Runde beginnt am S-Bahnhof Griebnitzsee (mit Radverleih) und geht durch die Karl-Marx-Straße (Friede den Villen!) bis Klein Glienicke zur berühmten Glienicker Brücke, die lange Ost und West trennte und bei Steven Spielberg zum Schauplatz wurde. Am Ausstellungshaus *Villa Schöningen* geht es rechts ab in den Neuen Garten mit Heiligem See, Schloss *Cecilienhof* und Marmorpalais (Achtung, hier sind nicht alle Wege für Radler*innen freigegeben). Die Tour endet im Holländischen Viertel mit seinen Cafés und Lädchen.

MUTTER FOURAGE

CAFÉ, GALERIE UND GÄRTNEREI

⊙ 14

Blühende Pflanzen, impressionistische Gemälde, Weinbergpfirsichlikör, Edelkastanienhonig, Patisserien: Gleich hinter dem Hoftor öffnet sich eine neue, lichte Welt. *Mutter Fourage* hat aber nicht nur Atmosphäre, sondern auch Geschichte. Hier versorgte um 1900 Familie Hönicke wohlhabende Berliner*innen mit Futter (Fourage) für ihre Pferde. Ende der 1970er-Jahre erbte der Schauspieler Wolfgang Immenhausen den Dreiseitenhof, eröffnete einen Naturkostladen und machte sich um die Wiederentdeckung der Maler der Berliner Secession verdient. Im Hofcafé gibt es leichtes Essen und köstliche Torten, im Feinkostladen Spezialitäten von Kleinproduzenten, in der Scheune Kultur – und ein ungewöhnlich gut erhaltenes Zollingerdach.

Chausseestraße 15a
14109 Berlin-Wannsee
T 030 80583283 (Hofcafé)
mutterfourage.de

HEILANDSKIRCHE AM PORT VON SACROW

SEHENSWÜRDIGKEIT

⊙ 15

Eva und Fredi haben sich auf dem ockergelben Backstein zwischen blauen Kachelfliesen verewigt, „Birgit war da", genauso wie Fritz mit seiner Greta in der achten Folge von „Babylon Berlin". Weithin sichtbar ragt die Sacrower Heilandskirche auf einer kleinen Halbinsel in die Havellandschaft zwischen Berlin und Potsdam. Das Kirchlein, 1843 erbaut, nach dem Mauerbau sich selbst überlassen und erst in den 1990ern wieder liebevoll instand gesetzt, zieht die Blicke nicht nur wegen seiner Lage auf sich, sondern auch wegen seiner ungewöhnlichen Architektur – wie ein venezianischer Campanile steht der Glockenturm getrennt vom Kirchenschiff. Im überdachten Säulengang rund um das Kirchenschiff sind Pärchen und Cliquen mit sich selbst beschäftigt, manchmal finden Konzerte mit geistlicher Musik statt.

Fährstraße, 14469 Potsdam-Sacrow

T 0331 504375

heilandskirche-sacrow.de

GROSS GLIENICKER SEE

BADESEE

⊙ 16

Von der Badestelle Moorloch aus sind SUPs, Luftmatratzen und Schlauchboote unterwegs zu den beiden Inseln mitten im See. Auf der gegenüberliegenden Seeseite geht es etwas ruhiger zu. Dort verteilen sich die Badegäste auf kleine Buchten und Strände, dazwischen nisten Enten im Schilf. Kaum vorstellbar, dass es hier jemals anders zuging. Doch bis zur Wende war der Groß Glienicker See Teil des Todesstreifens zwischen Brandenburg und Berlin, Mauerreste erinnern immer noch daran. Auch heute ist die Idylle nicht ungetrübt. Denn der glasklare See wird immer kleiner. So stark ist der Wasserstand in den letzten Jahren gesunken, dass ein alter Badesteg vollkommen im Trockenen steht. Dem Badespaß tut das bislang aber keinen Abbruch.

Uferpromenade
14089 Berlin

POTSDAM-MITTELMARK UND BRANDENBURG AN DER HAVEL

Die Havel ist der wichtigste Fluss Brandenburgs. Sie entspringt im Nordosten des Bundeslandes, kreuzt Berlin und Potsdam, und wechselt auf ihrem Lauf kurioserweise mehrmals die Richtung, bis sie bei Havelberg in die Elbe fließt. Die Stadt, die sie am stärksten prägt, ist Brandenburg an der Havel. Im Stadtgebiet, das zu 18 Prozent aus Wasser besteht, verzweigt sich der Fluss in mehrere Seitenarme und Kanäle und bildet viele kleine Inseln, jeder Besuch ist deswegen auch Inselhopping. Weiter im Süden erstrecken sich die sanften Hügel, weiten Wälder und welligen Wiesen des Hohen Fläming – des kleinsten Mittelgebirges Deutschlands. Zahlreiche Wander-, Rad- und Reitwege führen durch die Landschaft, vorbei an Schlössern, Burgen und Feldsteinkirchen.

POTSDAM-MITTELMARK UND BRANDENBURG AN DER HAVEL

⊙ *Fortlaufend nummerierte Ziele*

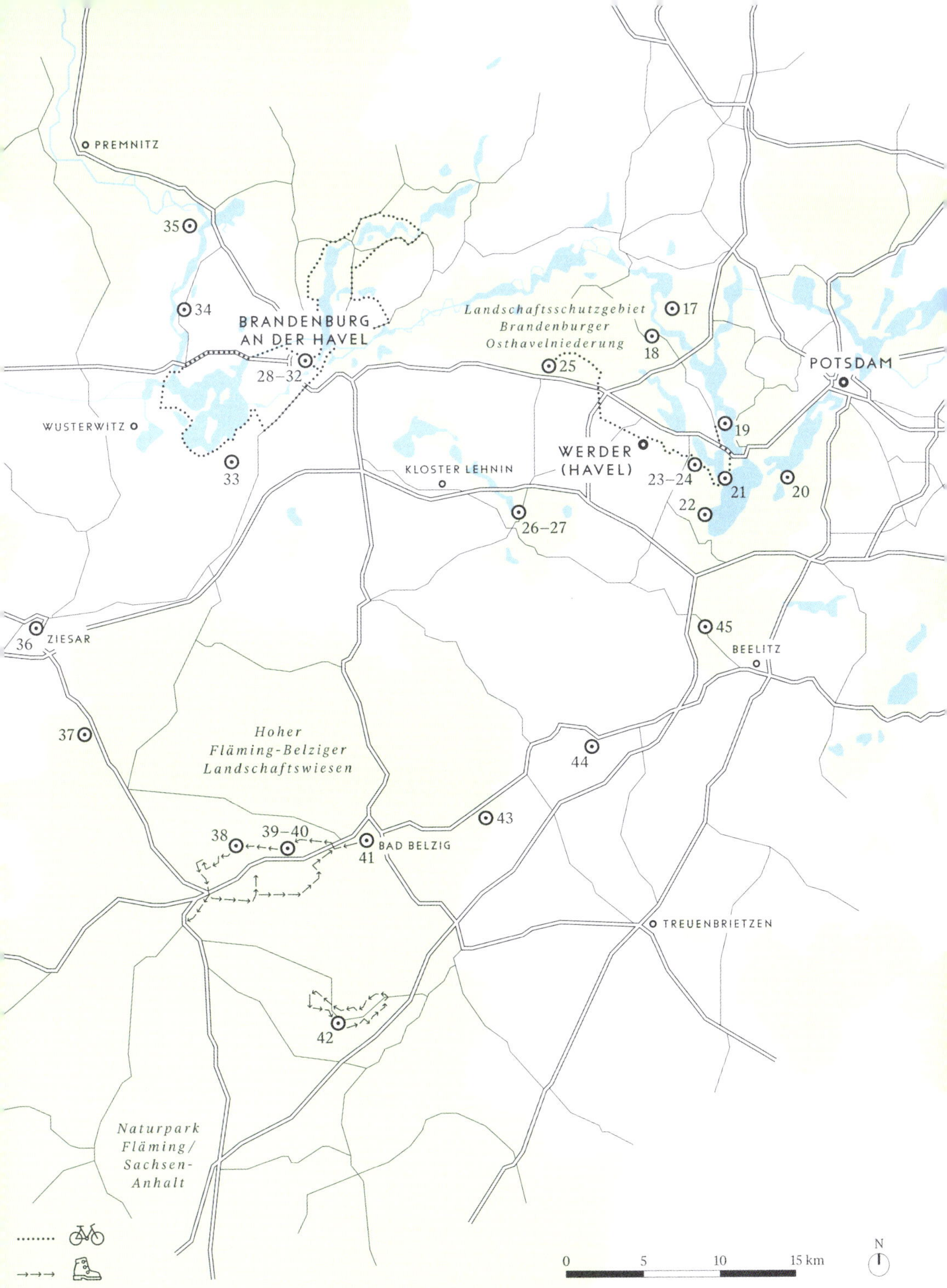
PREMNITZ
35
34
BRANDENBURG AN DER HAVEL
28–32
WUSTERWITZ
33
Landschaftsschutzgebiet Brandenburger Osthavelniederung
17
18
25
POTSDAM
19
WERDER (HAVEL)
23–24
21
20
22
KLOSTER LEHNIN
26–27
36
ZIESAR
45
BEELITZ
37
Hoher Fläming-Belziger Landschaftswiesen
44
43
38
39–40
41
BAD BELZIG
TREUENBRIETZEN
42
Naturpark Fläming/ Sachsen-Anhalt
0
5
10
15 km
N

WEINGUT KLOSTERHOF TÖPLITZ

WEINGUT UND BESENWIRTSCHAFT

Am Alten Weinberg 1, 14542 Werder (Havel)/OT Töplitz
T 033202 61841
weingut-toeplitz.de

⊙ 17

Eine Insel mit einem Berg drauf ist in Brandenburg ungewöhnlich, wenn es sich um einen Weinberg handelt, noch viel ungewöhnlicher. 2006 pflanzte Klaus Wolenski in Töplitz auf einem drei Hektar großen Südosthang mit günstigem Mikroklima Rebstöcke. Keine Schnapsidee, sondern die Wiederaufnahme einer altehrwürdigen Tradition: Schon im 14. Jahrhundert betrieben hier Zisterziensermönche Weinbau. Die heute gezogenen Sorten sind dem ökologischen Weinbau verpflichtet und halten durchaus mit anderen deutschen Anbauregionen mit. Sich von ihnen überzeugen kann man in einer Besenwirtschaft, die kleine Gerichte wie Tarte Viande oder Zwiebelkuchen anbietet. Die können auch an Holztischen auf dem Weinberg verzehrt werden, mit weitem Blick über die Havellandschaft und tiefenentspanntem Inselgefühl, obwohl die Autobahnabfahrt keine vier Kilometer entfernt ist.

HUCKLEBERRYS TOUR

FLOSSVERLEIH

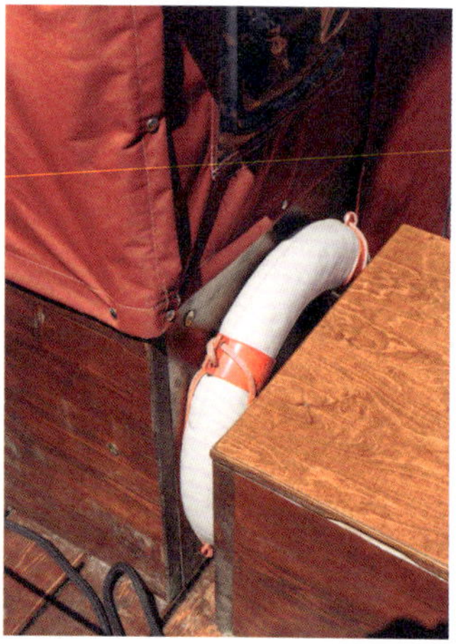

⊙ 18

Wenn man mit zehn Stundenkilometern übers Wasser schippert, untermalt von Wellenglucksen und dem leisen Tuckern eines Außenbordmotors, ist das Leben sofort sehr schön. Noch schöner wird es, sobald die Sonne untergeht und man sich im Bett an Bord vom Wasser in den Schlaf schaukeln lassen kann. Bis acht Personen haben bei Tagesausflügen auf einem *Huckleberry-Floß* Platz, zwei Erwachsene und zwei Kinder können in dem Häuschen auf dem Floß schlafen – Campingurlaub auf dem Wasser. Davon gibt es in Brandenburg reichlich: Über 3.000 Seen, dazu die Havel und die Spree bilden ein gigantisches Wassersportrevier, das von zwölf Floßstationen aus (eine davon an der Mecklenburgischen Seenplatte) entdeckt werden kann. Das Floß mit führerscheinfreiem Motor lässt sich so easy steuern, dass auch Kinder Kapitän*in spielen dürfen.

Floßstation Werder:
Hauptstraße 58, 14542 Werder/OT Phöben
T 030 206 74 902
huckleberrys-tour.de

Floßstation Potsdam:
Schiffbauergasse 9, 14467 Potsdam

DUVAL

WEINRESTAURANT

Michaelisstraße 17/18
14542 Werder (Havel)
T 0179 8088765
duval-werder.de

⊙ 19

Hier sieht es aus wie in einem provenzalischen Dorf: mächtige Linde, kleines Eckrestaurant, an den Tischen auf dem Bürgersteig Menschen, die selbstversunken an ihrem Crémant nippen, Bio-Quiches genießen oder sich an internationalen 3-Gänge-Menüs laben. Früher war hier mal ein Kolonialwarenladen sowie eine legendäre Fischerkneipe, jetzt wurde aus einer Weinhandlung ein Café-Restaurant, das sich die Zusammenarbeit mit regionalen Bio-Produzent*innen auf die Fahne geschrieben hat. Betreiber*innen sind die Schauspielerin Franziska Petri und der Festivalmacher Stefan Fichtner, die vor vier Jahren von Berlin nach Werder zogen, weil sie sich so unrettbar in die kleine Inselstadt verguckt hatten. Kann man gut verstehen, wenn man an lauen Sommerabenden hier sitzt und Pouilly-Fumé Sauvignon Blanc trinkt. Besser wird's nicht.

WEIN
DUVAL
DUVAL

CAPUTH

AUSFLUGSZIEL

14548 Schwielowsee/OT Caputh
schwielowsee-tourismus.de
spsg.de

⊙ 20

„Komm nach Caputh, pfeif auf die Welt", hat Albert Einstein mal seinem Sohn geschrieben. Das gilt noch immer. In dem kleinen Ort zwischen Schwielowsee und Templiner See macht die große Welt verlässlich Pause. Die Kiefern wachsen hoch, auf der Uferpromenade kann man Schwänen und Straßenmusiker*innen zuhören, im Barockschloss aus der Zeit des Großen Kurfürsten faszinieren stuckverzierte Deckengemälde und mit niederländischen Fayencen ausgekleidete Fliesengewölbe, die Stüler-Kirche erinnert an den letzten Italienurlaub, die Seilfähre zwischen Caputh und Geltow tut seit 160 Jahren ihren Dienst. Und das Sommerhaus Albert Einsteins, das er sich 1929 in der Waldstraße 7 von Konrad Wachsmann bauen ließ, ist so schön, dass man sofort einziehen will. Immerhin darf man es besichtigen.

SANDDORNGARTEN PETZOW

GLÄSERNE MANUFAKTUR, HOFLADEN UND GASTRONOMIE

Fercher Straße 60
14542 Werder/Havel/OT Petzow
T 03327 46910
sanddorn-garten-petzow.de

⊙ 21

Auf der Halbinsel Petzow findet eine Ernährungsrevolution statt. Hier wird auf einem weitläufigen Grundstück Sanddorn angebaut und zu Produkten wie Saft, Konfitüre oder Likör verarbeitet. Die orange leuchtenden Beeren enthalten immens viel Vitamin C und werden deswegen „Zitrone des Nordens“ genannt – eine gesunde lokale und deswegen ökologisch sinnvolle Alternative zu Obst, das aus sehr viel entfernteren Regionen herbeigeschafft werden muss. Auf dem Unternehmensgelände werden anekdotenreiche Führungen über das Gelände und in die gläserne Manufaktur angeboten, bei denen auch Sanddornprodukte verkostet werden. Die werden im Hofladen verkauft, dazu Kaffee und Kuchen und eine Auswahl kleiner warmer Gerichte.

JAPANISCHER BONSAIGARTEN

GARTEN UND TEEHAUS

⊙ 22

Klassiker ist natürlich die Sakura, die Kirschblüte im April. Doch Tilo Gragerts Bonsaigarten ist zu jeder Jahreszeit eine Augenweide. Im Sommer verwandeln ihn erst die Hortensien, dann Chrysanthemen-Bonsai in ein Blütenmeer, zum Laternenfest im Oktober fühlt man sich im Schein Hunderter Lampions und Fackeln wie im Märchen. Kaum vorstellbar, dass nach der Wende an dieser Stelle nur Brachland lag, das Gragert über die Jahre liebevoll in ein „Zentrum Japanischer Kunst und Kultur im Land Brandenburg“ verwandelte – mit Zen-Steingarten, Koi-Karpfen und bis zu 180 Jahre alten Miniaturbäumen. Intensiviert wird das Erlebnis durch die Teekultur, die Gragerts Schwester Katja im Teehaus zelebriert. Dort werden Tees in traditionellen Tonkännchen serviert, dazu gibt es süße Knabbereien aus Japan und einen herrlichen Blick auf die Baumkunstwerke.

Fercher Straße 61 (Mittelbusch)
14548 Schwielowsee/OT Ferch
T 033209 72161 (Garten)
T 033209 208903 (Teehaus)
bonsai-haus.de

GLINDOWER ALPEN

WANDERUNG (10 KM)

⊙ 23

Abenteuerliche Stiegen führen in wilde Schluchten hinab, Efeu schlingt sich um knorrige Bäume. Die zehn Kilometer lange Wanderrunde durch die Glindower Alpen ist zwar eher kurz, treibt einem mit viel Auf und Ab aber den Schweiß auf die Stirn. Dass die Landschaft so bergig daherkommt, ist Folge des Tonabbaus zur Ziegelherstellung über die letzten 500 Jahre. Zu Fontanes Zeiten rauchten um den Glindower See herum über 30 Schornsteine von Ziegeleien, mehrere Millionen Ziegelsteine aus Glindow verschlang das schnell wachsende Berlin zwischen 1830 und 1910. Vorbei am Ziegeleimuseum in Glindow geht es über Alpenstraße und Rüsterhorn nach Petzow, wo es außer dem Sanddorngarten (S. 66) das Schloss mit Lenné-Park, den Turm der Schinkelkirche mit toller Aussicht sowie Cafés und Restaurants zu entdecken gibt. Auf der zweiten Hälfte der Tour geht es endlich in die Alpen, der Naturlehrpfad ist unregelmäßig ausgeschildert, verloren geht aber niemand.

Start zum Beispiel:
Ziegeleimuseum Glindow
Alpenstraße 44, 14542 Werder (Havel)

KERAMISCHE WERKSTÄTTEN GLINDOW

MANUFAKTUREN

⊙ 24

Es ist noch nicht lange her, dass in der Gegend um Glindow der letzte Ton aus der Erde geholt wurde. Doch immer noch lassen hier sechs Künstler*innen unverdrossen ihre Töpferscheiben rotieren. In den Keramischen Werkstätten Glindow machen sie filigrane und poetische Gebilde: Schmuck, Wandbilder, im Licht durchscheinende Teller, aber auch großformatige Kunstobjekte. Jeden Donnerstag, Freitag und Sonntagnachmittag öffnen sie ihre Ateliers in einer umgebauten Remise und lassen sich bei ihrer Arbeit über die Schultern gucken.

Dr.-Külz-Straße 69
14542 Werder (Havel)
keramikundkulturgut.de

PANORAMAWEG WERDEROBST

RADWEG ZUR BAUMBLÜTE (22 KM)

Start:
Bahnhof Werder (Havel)
14542 Werder (Havel)
werder-havel.de

⊙ 25

So einfach geht Glück: Picknickdecke und ein paar Becher einpacken, losradeln und sich dann durch die vielen Sorten Obstwein probieren, die entlang des Weges angeboten werden. Auf 22 Streckenkilometern radelt man vorbei an Streuobstwiesen, Apfel- und Kirschplantagen und lernt dabei sehenswerte Orte kennen: Werder (Havel) mit seiner hübschen Altstadtinsel, Petzow mit Schloss oder Glindow. Und wie der Name der Tour schon verrät, wird man für das Erklimmen einiger Anhöhen wie des Telegrafenbergs mit tollen Aussichten über Obstanbauflächen und Havelseen belohnt. Und wer sich zur Erntesaison auf den Weg macht, muss keinen Proviant einstecken, sondern kann auf einem Hof mit Selbstpflücke zuschlagen.

SINNATUR KANUVERMIETUNG IM STRANDBAD LEHNIN

WILDNISERLEBNISSE AUF DEM WASSER

⊙ 26

Kanuverleihe wenden sich normalerweise an ein sportliches und erlebnisorientiertes Publikum. Die Wildnispädagogin Carola Sockel hat einen etwas anderen Zugang. Sie möchte Menschen helfen, wieder mit der Natur in Kontakt zu kommen – sowohl mit der auf dem Wasser als auch mit ihrer inneren, der Entschleunigung vom Alltagsstress sicher guttut. Ihr Kanuverleih *sinnatur* im Strandbad Lehnin am Ostufer des Klostersees eröffnet Routen zu zwei weiteren Seen, und die Chancen stehen gut, beim Paddeln sowohl innerer Ruhe als auch Wasser- und Greifvögeln zu begegnen. Nach der Rückkehr kann man beim Sonnenuntergang im Strandbad am See entspannen oder sogar zelten.

Zum Strandbad 49, 14797 Kloster Lehnin
T 0151 70152201
sin-natur.de

Bootsverleih
SUP-BOARD
1 Std. = 10,- €
2 Std. = 18,- €
4 Std. = 30,- €
Tag = 45,- €
Riot

ZISTERZIENSERKLOSTER LEHNIN

SEHENSWÜRDIGKEIT

Klosterkirchplatz 4
14797 Kloster Lehnin
T 03382 768842
klosterlehnin.de

Ufercafé am Klostersee:
T 0163 5191939
kunstortlehnin.de/ufercafe

⊙ 27

An trüben Tagen kann man hier die perfekte Kulisse für einen Historienkrimi entdecken, bei schönem Wetter blühen vor dem mächtigen mittelalterlichen Kornhaus Flieder und Bäume, dahinter dehnt sich eine Streuobstwiese bis zu einem bunten Klosterkräutergärtchen aus. Wer Zeit hat, sollte durch den Ort Lehnin zum Ostufer des Klostersees spazieren: Fusionsküche und selbst gebackene Kuchen schmecken im *Ufercafé* mit Skulpturengarten und Blick auf den See, danach taucht der Weg in Kiefern- und Buchenwald ein.

BRANDENBURG AN DER HAVEL

STADT

⊙ 28

„Ein Leben ohne Mops ist möglich ...", aber nicht in dieser Stadt. Inspiriert von einem Sketch des Brandenburger Ehrenbürgers Vicco von Bülow alias Loriot bevölkert seit der Bundesgartenschau 2015 ein Rudel *Waldmöpse* – kleine gehörnte Bronzefiguren – die Innenstadt. In der Wiege der Mark gibt es viele alte Bauwerke, aber noch mehr Wasser, weil die drei mittelalterlichen Stadtkerne von Havelarmen umspült werden. Jede Stadttour ist also auch Inselhopping. Auf der Dominsel begann mit der Bistumsgründung 948 die Geschichte Brandenburgs. Im Stadtpanorama tritt der Dom allerdings hinter die größere St. Katharinenkirche zurück, deren Turm im Zentrum der Neustadtinsel hoch über dem Molkenmarkt aufragt, wo man sich in der *Genussmanufaktur* mit Proviant versorgen kann. Besonders schön picknicken lässt es sich auf den breiten Stufen am Wasser des Heinrich-Heine-Ufers.

Touristinformation:
Neustädtischer Markt 3
14776 Brandenburg/Havel
T 03381 796360
erlebnis-brandenburg.de

Genussmanufaktur:
Molkenmarkt 31
14776 Brandenburg
oris-original.de

9

PENSION HAVELFLOSS

PENSION, FLOSS- UND KANUVERLEIH

⊙ 29

Mitten in der Altstadt gelegen, mit Blick auf die vorbeifließende Havel und die quirlige Jahrtausendbrücke, sind die puristisch-elegant eingerichteten Apartments die perfekte Basis für ein erholsames, romantisches, aktives oder sportliches Wochenende. Von hier aus lässt sich fußläufig die über tausendjährige einstige Bischofs- und Hansestadt Brandenburg erkunden und per Fahrrad die wald- und wasserreiche Region erleben, und vom Anlegesteg vor dem Haus kann man sich direkt aufs Wasser begeben: Von Mai bis Oktober verleiht die Pension für halbe und ganze Tage Kanus sowie führerscheinfreie Flöße für einen etwas anderen Campingurlaub zu Wasser.

Altstädtische Fischerstraße 2
14770 Brandenburg an der Havel
T 03381 269022
pension-havelfloss.de

Karl-Heinz

7-SEEN-TOUR IN BRANDENBURG AN DER HAVEL

RADTOUR (35 KM)

Start:
Neustädtischer Markt
14776 Brandenburg/Havel

⊙ 30

Bisschen schade, wie viele schöne Strände links und rechts liegen bleiben müssen – doch wer überall eine Pause einlegen würde, wo es auf der 7-Seen-Radtour einladend aussieht, bräuchte für die 35 Kilometer ein paar Tage. Die Route führt von der Stadt Brandenburg aus an unzähligen Stränden und Ausflugslokalen entlang, am Wegrand wechseln Kultur-, Industrie- und Naturdenkmäler einander munter ab. Ab Malge führt die Radtour zunächst an einem See entlang, anschließend lernt man im Ortsteil Kirchmöser die Geschichte der historischen Pulverfabrik mit ihrer Badeanstalt kennen, in Plaue durchquert man den idyllischen Schlossgarten, ehe es über die historische Plauer Havelbrücke zurück in die Havelstadt geht. Verirren kann sich nur, wer dem grün-blauen 7-Seen-Tour-Logo nicht folgt – und lieber doch in einen See springt.

INSPEKTORENHAUS

RESTAURANT

Altstädtischer Markt 9
14770 Brandenburg an der Havel
T 03381 3282139
inspektorenhaus.de

⊙ 31

In diesem 1742 errichteten und denkmalgeschützten Haus residierte einst ein Inspektor, der darauf achtete, dass auf dem Altstädtischen Markt alles seine Richtigkeit hatte. Jetzt inspizieren die manchmal von weither angereisten Gäst*innen, was hier geboten wird. Und befinden, dass alles seine Richtigkeit hat: Benjamin Döbbel serviert hier ambitioniertes Fine Dining und Casual Fine Dining, Gerichte wie Onglet vom Bergsdorfer Wiesenrind, Geflämmte Jakobsmuschel mit Rote-Bete-Basilikum-Chili-Sorbet oder Kaltes Melonen-Portwein-Süppchen. Mit intensiven Geschmäckern, vielen Kräutern und Gewürzen und Produkten aus der Region. Dafür wird er seit Jahren vom „Gault&Millau" ausgezeichnet – völlig zu Recht, wie man sich im *Inspektorenhaus* überzeugen kann.

STORCHENRADWEG

RADTOUR (34 KM)

⊙ 32

Der Storch gilt als Glücksbringer: Fliegt er über unsere Köpfe hinweg, soll es Nachwuchs geben oder einen anderen Neuanfang. Wer also eine Veränderung nötig hat, dem sei diese Radtour ans Herz gelegt. Der *Storchenradweg* führt auf 34 Kilometern um den Beetzsee – und in fast jedem Dorf, durch das man fährt, brütet zwischen April und August ein Storchenpaar. Der Weg beginnt im Stadtzentrum von Brandenburg an der Havel. Von dort aus folgt man immer dem Tourlogo mit Storch: zunächst nach Mötzow, dann nach Grabow, Lünow, Bagow, Radewege und schließlich zurück nach Brandenburg an der Havel. Auf der rechten Uferseite radelt man teilweise an mäßig befahrenen Landstraßen entlang, den Rest der Strecke auf wunderschönen Rad-, Feld- und Waldwegen durch die Natur. Fast immer im Blick: der 18 Kilometer lange Beetzsee. So werden auch jene glücklich, die nicht an Klapperstörche glauben.

Start:
Neustädtischer Markt
14776 Brandenburg an der Havel
havelland-tourismus.de

GUT WENDGRÄBEN

GUTSHOF MIT FERIENWOHNUNGEN

Wendgräben 19
14776 Brandenburg an der Havel
T 0160 93236295
gut-wendgraeben.de

⊙ 33

Vögel zwitschern, Obstbäume blühen, dazu erklingt eine akustische Gitarre. So angenehm lässt es sich im Hof von *Gut Wendgräben* picknicken, während Fachwerk-Kuhstall, Gutshaus und Backsteinscheune aus dem 18. Jahrhundert den märkischen Wind draußen halten. Drinnen finden Hochzeiten und Geburtstage statt, aber auch Tagungen oder Seminare. Für Gäst*innen stehen zehn Ferienwohnungen zur Verfügung. Holzdielenböden und Vintage-Möbel schaffen Atmosphäre, moderne Einrichtungselemente Komfort, egal ob fürs Wochenende, eine Workation, Familienurlaub oder einen Retreat zum Wiederauftanken.

HAVELRADWEG UND ERLEBNISHOF KÜTZKOW

RADTOUR MIT STOPP AUF STRAUSSENFARM (55 KM)

Fährstraße 7, 14798 Havelsee/
OT Kützkow
T 033834 51345
erlebnishof-kuetzkow.de
havelradweg.de

⊙ 34
In sechs Etappen rollt man von der Quelle bis zur Mündung der Havel. Auf der 55 Kilometer langen fünften Etappe von Brandenburg/Havel nach Rathenow wird es mit jedem Pedaltritt noch ein wenig ruhiger, bis man sich in Pritzerbe am Havelufer am Ende der Welt angekommen wähnt. Doch auch an abgeschiedenen Ecken findet man Exotisches – eine Straußenfarm zum Beispiel. Auf dem *Erlebnishof Kützkow* gibt es bunte Hühner und exotische Zwergzebus, den größten Auftritt aber haben die Strauße. Wenn Publikumsliebling King zum Zaun stolziert und kokett sein Gefieder schüttelt, meint man, er genieße die Aufmerksamkeit menschlicher Bewunder*innen mehr als die seiner Hennen. Im Gasthof mit Biergarten wird hauseigenes Straußensteak serviert, und ehe man weiterfährt, sollte man sich im Hofladen die Satteltaschen mit Straußeneinudeln und Straußensülze füllen. Wer mit Zelt oder im Camper unterwegs ist, kann auf dem Campingplatz direkt an der Havel die Nacht verbringen.

HAVELPRATER

UNTERKUNFT UND CO-WORKING-SPACE

⊙ 35

Wie träumt es sich wohl, wenn man in einer Kirche schläft? Im *Havelprater* kann man es erfahren. Die ehemalige Dorfkirche von Briest ist zwar längst entwidmet und vermutlich auch entweiht, sieht aber immer noch aus wie eine: verwitterter roter Ziegelbau mit Turm und Chor inmitten eines grünen Gartens mit Havelblick. Im Chor steht ein Bett, schlafen kann man auch auf der Empore, eigentlich überall, wo man möchte. Bis zu vier Personen finden Platz in dieser ganz besonderen Ferienwohnung mit kleiner Küche. Wer auf modernen Komfort verzichtet (kein WLAN und Fernsehen), erlebt einen besonderen Zauber. Am Havelradweg gelegen, eignet sich die Kirche auch als Basislager für Ausflüge. Zum Beispiel nach Gülpe. 2014 hat die International Dark Sky Association dem kleinen Ort die geringste Lichtverschmutzung der Republik bescheinigt. Nirgendwo sonst hat man so ungestörte Sicht in den Sternenhimmel.

Parkstraße 1
14798 Havelsee/OT Briest
T +43 676 9556127
havelprater.com

BURG ZIESAR

AUSFLUGSZIEL

⊙ 36

Man spricht den Namen „Zi-e-sar“ aus, aber wichtiger ist, dass man in der ehemaligen Bischofsresidenz ins Mittelalter abtauchen kann. Die kunstvolle Backsteinfassade und die üppigen spätgotischen Wandmalereien in der Kapelle im Burghof suchen ihresgleichen, eine gut gemachte Ausstellung im ehemaligen Wohnbereich der Bischöfe zeigt die Baugeschichte und die Raffinessen des Bauwerks – Fußbodenheizung! Gefängniszellen im Keller! Und vom 35 Meter hohen Bergfried mit seiner „Bischofsmütze“ genannten Haube kann man einem Storchenpärchen auf dem Nachbarturm ins Nest gucken. Von Dezember bis Februar ist das Museum geschlossen.

Touristinformation:
Mühlentor 15a
14793 Ziesar
T 033830 12735
burg-ziesar.de

25 TEICHE

FISCHFARM UND BISTRO

⊙ 37

Kaviar gilt vielen als eher unerschwinglicher Genuss. Das wollten Susanne und Matthias Engels ändern, als sie die Angelanlage mitten im Grünen übernahmen und begannen, Stör zu züchten. Seit 100 Jahren speist eine im Wald versteckte Quelle die 25 Teiche, neu aber war die Idee mit dem Fischrogen – und sie funktioniert. Um die Teiche mit Bachforelle, Stör und Saibling tummelt sich buntes Publikum. Der Berliner Vater bringt seiner Tochter das Angeln bei, ein tätowierter Biker packt Räucheraal für zu Hause ein, die Omi aus dem Nachbardorf beißt in ihr Fischbrötchen, und zu speziellen Events zeigen sich Sterneköch*innen und verraten, wie sie den frischen Fang zubereiten. Den Kaviar serviert man hier nach Art des Hauses übrigens auf einem Teller Spaghetti mit Crème fraîche. Wer will, kann auf dem Gelände auch übernachten, in den *Slube Homes* – kleinen Wohntürmen, die sich als wahre Raumwunder entpuppen.

Dorfstraße 26a
14793 Gräben
T 033 84740241
25teiche.com

Lachsforelle

GUT SCHMERWITZ

BIORESTAURANT, FERIENWOHNUNGEN, HOFLADEN UND TÖPFEREI

⊙ 38

Schäferei, Rittergutsdorf, Volkseigener Betrieb in der DDR, nach der Wende erworben von einer Suchthilfegemeinschaft, die die Landwirtschaft auf ökologische Grundlage umstellte: *Gut Schmerwitz* hat eine bewegte Geschichte. Die heutigen Betreiber*innen führen den Biolandbau weiter. In der Gutsküche gibt es rustikale Gerichte in Bioqualität ohne viel Chichi, serviert auf Geschirr aus der benachbarten Töpferei *Königsblau Keramik,* einem Projekt der Skarabäus Suchthilfeorganisation. Im Hofladen lässt sich Proviant einkaufen, das ist besonders praktisch, wenn man auf dem Hof in einer der gerade erst ausgebauten Ferienwohnungen mit Blick auf die Gutskirche Quartier bezieht.

Schmerwitz 8
14827 Wiesenburg/Mark
T 033849 9080
gut-schmerwitz.de

COCONAT

UNTERKUNFT, EVENTLOCATION UND CO-WORKING-SPACE

Klein Glien 25, 14806 Bad Belzig

T 033841 448299

coconat-space.com

⊙ 39

Irgendwann ist das Homeoffice genauso lähmend wie das Büro. Im *Coconat*, 90 Kilometer südlich von Berlin, wird das Arbeiten aber wieder leicht. Der alte Gutshof wird von einem weitläufigen Garten mit Teich umgeben, dreimal am Tag wird erstklassiges Essen serviert, es gibt einen Kräutergarten, einen Obsthain, eine Sauna, einen Hügel der Stille, einen Pizzaofen und einen Meeting-Baum, an dem Erwachsene beim Brainstormen baumeln können, die Zimmer sind heimelig, die digitalen Nomaden, die man hier kennenlernt, oft hochinteressant. Viele nutzen das *Coconat* beruflich fürs ungestörte Schreiben und Planen oder für Teamretreats, manche auch als wunderbar gelegene Übernachtungsgelegenheit und Startpunkt für Ausflüge – um dann doch auf dem Hof hängen zu bleiben, mit den Füßen im Teich und dem Gesicht in der Sonne.

WILDNISSCHULE HOHER FLÄMING

KURSE UND CAMPS

⊙ 40

Kirschtal, Farnwäldchen, Sonnenhügel und die 500-jährige Eiche Baboo: Alles hat hier Namen, die man kennenlernt, wenn man einen Wochenendkurs oder ein Familiencamp besucht. Die *Wildnisschule Hoher Fläming* ist ein Abenteuerland für Städter*innen, die sich wieder mehr mit der Natur einlassen wollen, genauso wie für Kinder mit Neugierde auf den Wald und seine tierischen Bewohner*innen. Unter Anleitung des Wildnispädagogen Paul Wernicke üben die Teilnehmer*innen das Fährtenlesen und entdecken Reh- oder Wolfsspuren, lernen, was der Gesang der Vögel über die Umgebung verrät – und haben nach einem Wochenende im Freien einen neuen Blick auf alles, was sich direkt vor der eigenen Haustür abspielt.

Grützdorfer Weg 1
14806 Bad Belzig
T 0151 11140858
wildnisschule-hoherflaeming.de

KUNSTWANDERWEG HOHER FLÄMING

WANDERWEG (17–23 KM)

⊙ 41

Es duftet nach Kiefernharz, sogenannte Rummeln schneiden sich als tiefe Kehlen durch die dichten Wälder – genau wie die mächtigen Granitfindlinge stammen sie aus der letzten Eiszeit. Kunstaffine Menschen können sich außer über die urtümliche Landschaft über 28 Kunstwerke freuen, die zwischen den Bäumen auftauchen. 2007 und 2010 installierten deutsche, niederländische und belgische Künstler*innen im Rahmen zweier Wettbewerbe Arbeiten, die auf Besonderheiten der Landschaft und die Geschichte der Region eingehen – Wölfe, Wassermangel oder die Besiedlung durch flämische Kolonisten vor gut 800 Jahren zum Beispiel. Die vier gut ausgeschilderten Routen zwischen 17 und 23 Kilometer Länge starten entweder in Wiesenburg (mit Schloss!) oder in Bad Belzig (mit Burg!), beide Orte sind mit öffentlichen Verkehrsmitteln gut erreichbar. Per Audioguide oder App kann man mehr zu Wegmarken und Werken erfahren.

Start zum Beispiel:
Bahnhof Bad Belzig
14806 Bad Belzig
wandern-im-flaeming.de/kunstwanderweg

BERGMOLCHWANDERWEG

WANDERWEG (14 KM)

⊙ 42

Den seltenen Lurch, der dem Weg durch die Erlenbrüche des Planetals seinen Namen gibt, bekommt man bei Tageslicht eher nicht zu Gesicht, er ist ein nachtaktives Wesen. Zu sehen gibt es dennoch genug auf der 14 Kilometer langen Tour mit Start und Ziel am *Naturparkzentrum Raben* mit tollem Spielplatz, Ausstellung und Regionalladen. Die steilen Holzstiegen hinauf zum Turm der *Burg Rabenstein* sind nur etwas für Schwindelfreie, doch der Ausblick über die Flämingwälder lohnt sich. In Rädigke, dem vermutlich ältesten Dorf im Fläming, kann man sich hinter dem Mufflongehege im *Gasthof Moritz* wieder erholen. Am beliebtesten sind die Tische vor dem entzückenden Taubenhaus.

Naturparkzentrum Hoher Fläming:
Brennereiweg 45
14823 Rabenstein/Fläming
T 033848 60004
wandern-im-flaeming.de

Gasthof Moritz:
Hauptstraße 40
14823 Rädigke
T 033848 60292
gasthof-moritz.de

FLÄMINGER WEIDESCHWEIN

HOFLADEN MIT FÜHRUNGEN

Fläminger Weideschwein:
Dorfstraße 10, 14822 Brück
T 0173 3617975
fläminger-weideschwein.de

Backschwein-Tenne Gömnigk:
Dorfstraße 10, 14822 Brück
T 033844 52031
backschwein-tenne.de

⊙ 43

Anja Koch weiß, wie Säue sich sauwohl fühlen: Ihre zwei Dutzend Muttertiere samt Ferkel sowie zwei Eber dürfen ganzjährig in kleinen Gruppen auf weitläufigen Koppeln grasen, wühlen und suhlen. Sobald nur noch eine Kraterlandschaft übrig ist, ziehen die Schweine weiter, auf dem von ihnen vorgepflügten Acker wird Gemüse angebaut. Jeden ersten und dritten Sonntag im Monat führt Koch über die Anlage. Wer sich dabei in ihre Tiere verguckt, kann eines leasen oder eine Schweinepatenschaft übernehmen. Im Hofladen gibt es Wurstspezialitäten, Bratwurst und Schnitzel, dazu Saft von der eigenen Streuobstwiese. Und in der rustikalen *Backschwein-Tenne Gömnigk* gleich nebenan serviert Bauer Schulz im Ganzen geschmortes Freilandschwein, so saftig zart, dass auch die Hipster-Foodies in der Kreuzberger Markthalle 9 begeistert sind, wo Gömnigk einen Stand unterhält.

ESELNOMADEN

WANDERN MIT ESELN

⊙ 44

Esel gelten als stur, manchmal auch dumm, doch solch üble Nachrede wird den freundlichen und neugierigen Tieren nicht gerecht. Vielmehr lassen sich Esel nur schwer aus der Ruhe bringen – man kann also viel von ihnen lernen. Beim gemeinsamen Wandern zum Beispiel. Die Eselnomaden bieten geführte Touren durch die Naturparks Hoher Fläming und Nuthe-Nieplitz an – von einstündigen bis zu mehrtägigen Wanderungen, bei denen man sich dem Rhythmus der Tiere anpasst: aufsatteln, wandern, futtern, schnuppern, wandern, absatteln. Die Esel Hannibal, Kasper und Willi von Glaubitz tragen Gepäck und Ausrüstung, und gemeinsam lassen Mensch und Tier sich treiben. In dieser gemütlichen Reisegeschwindigkeit schärfen sich fast automatisch die Sinne für die kleinen Dinge: die Blume am Wegesrand, die Schreie von Falken und Adlern oder den Wiesenduft in der Luft. Herrlich, so ein Eselleben!

Alte-Dorfstraße 9
14822 Brück/Neuendorf
T 01573 0308560
eselnomaden.de

BEELITZ-HEILSTÄTTEN

SEHENSWÜRDIGKEIT UND LOST PLACE

⊙ 45

Es ist das größte Flächendenkmal Brandenburgs und für Familien ein beliebtes Ausflugsziel mit vielfältigen Freizeitangeboten: Die Beelitzer Heilstätten umgibt eine ganz besondere Atmosphäre. Um die halb verfallenen Gebäude des ehemaligen Lungensanatoriums ranken sich mindestens so viele Mythen wie Kletterpflanzen. Fotografie- und Geschichtsinteressierte können die Klinikbauten im Rahmen spezieller Führungen erkunden (mit Taschenlampen), während Familien auf dem Barfußpfad durch das Parkgelände springen. Auf einem der ungewöhnlichsten Baumwipfelpfade Deutschlands kann man über die Dächer der ehemaligen Frauenklinik spazieren und den Blick vom 36 Meter hohen Aussichtsturm über den Naturpark Nutze-Nieplitz-Tal bis nach Potsdam schweifen lassen.

Straße nach Fichtenwalde 13
14547 Beelitz-Heilstätten
T 033204 60580
baumundzeit.de

TELTOW-FLÄMING

Das erste, was man hier hört, ist – nichts. Es ist wunderbar still hier in den schier endlosen Wäldern, auf den weiten Wiesen, den Heidelandschaften und an den einsamen Seen von Teltow-Fläming. Dazwischen liegen, wie eingestreut, kleine märkische Dörfer und große Herrenhäuser aus alten Tagen. Es kann passieren, dass man stundenlang durch diese Landschaft wandert, ohne auf andere Menschen zu treffen. Womöglich sind auch deshalb wieder Wölfe, Elche und andere Wildtiere in die Wälder zurückgekehrt. Gleich zwei Wolfsrudel streifen durch den Naturpark Nuthe-Nieplitz, der sich auf 623 Quadratmetern durch den Fläming erstreckt. Namensgebend für das Naturschutzgebiet sind die Flüsse Nuthe und Nieplitz, wo sich zweimal im Jahr Tausende Zugvögel auf dem Weg zu ihren Sommer- und Winterquartieren treffen. Erkunden kann man diese faszinierende Landschaft auch auf Inlineskates, denn das 230 Kilometer lange Wegenetz der Flaeming-Skate führt durch all diese wunderbaren Orte. Und alles, was man dann noch hört, ist Wildnis und das leise Surren der eigenen Skates.

TELTOW-FLÄMING

⊙ *Fortlaufend nummerierte Ziele*

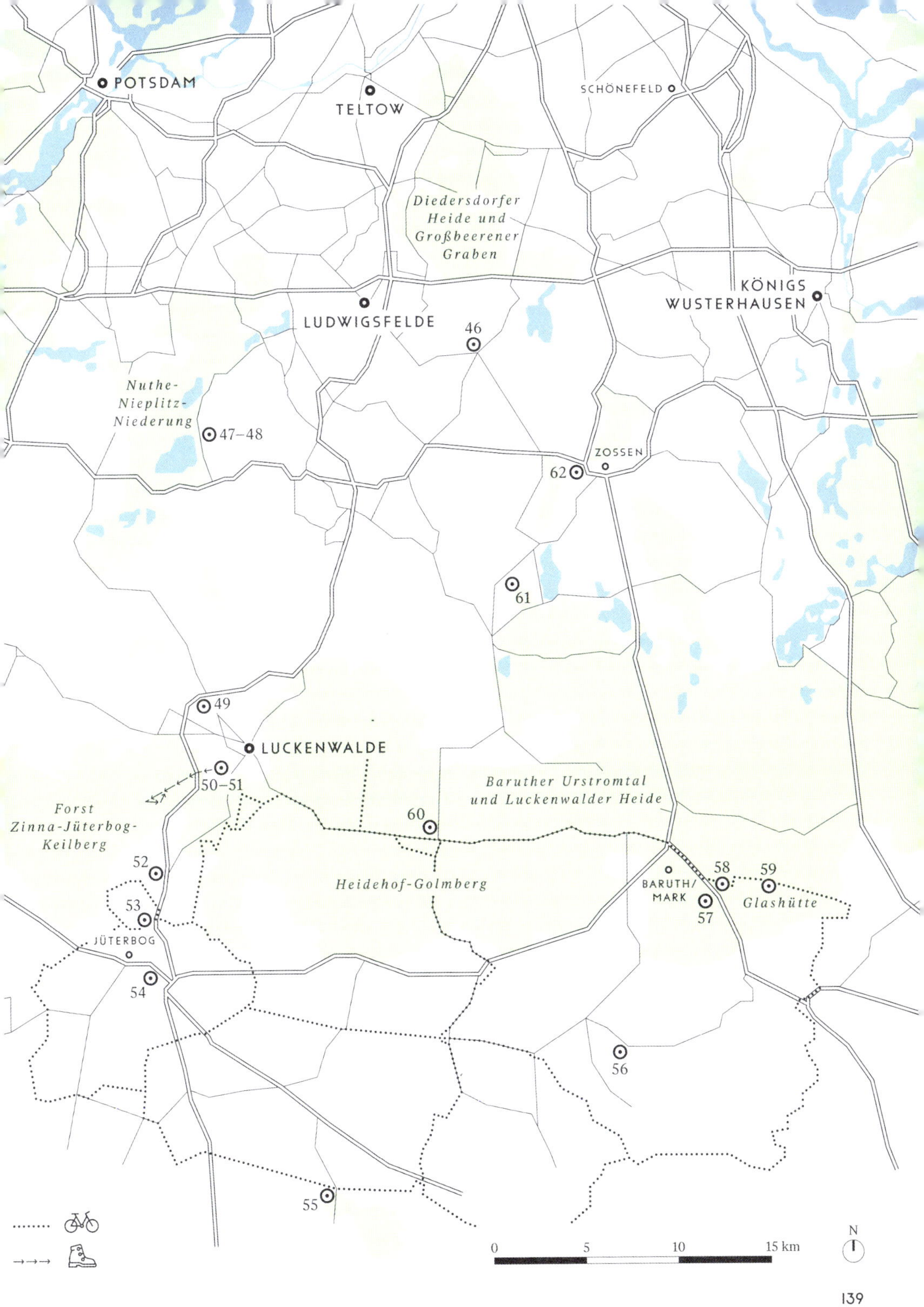
POTSDAM
TELTOW
SCHÖNEFELD
Diedersdorfer Heide und Großbeerener Graben
KÖNIGS WUSTERHAUSEN
LUDWIGSFELDE
46
Nuthe-Nieplitz-Niederung
47–48
ZOSSEN
62
61
49
LUCKENWALDE
50–51
Forst Zinna-Jüterbog-Keilberg
Baruther Urstromtal und Luckenwalder Heide
60
52
Heidehof-Golmberg
58
59
BARUTH/ MARK
57
Glashütte
53
JÜTERBOG
54
56
55
0
5
10
15 km
N

DAS VIERSEITHOFCAFÉ

CAFÉ

⊙ 46

Hausgemachte Torten, richtig guter Filterkaffee und ein Plätzchen unterm mächtigen Nussbaum – mehr braucht man nicht an schönen Sonntagnachmittagen. Trifft man dann noch auf so gut gelaunte Gastgeber*innen wie Katja und Robin List, fühlt man sich sehr willkommen. Das Mutter-Sohn-Duo hat den Bauernhof der Ururgroßeltern in einen zauberhaften Ort verwandelt und jeden Sonntagnachmittag für Gäst*innen geöffnet. Im alten Traktorschuppen lässt sich nach Mitbringseln und Wohnaccessoires in skandinavischem Design stöbern, in der großen Scheune werden Hochzeiten gefeiert, im alten Kuhstall sitzt man im Winter behaglich am Kamin. Wer sich die Füße vertreten will, kann einen Spaziergang zum nahen Weinberg unternehmen und bei klarem Wetter den Fernsehturm und bis zum Flughafen BER sehen.

Dorfaue 6
14974 Ludwigsfelde/OT Groß Schulzendorf
T 03378 874056
vierseithofcafe.de

NORDIC

NATURPARKZENTRUM AM WILDGEHEGE GLAUER TAL

WANDERWEG, NATURPARKZENTRUM UND WILDGEHEGE

Glauer Tal 1
14959 Trebbin/OT Blankensee
T 033731 700460
naturpark-nuthe-nieplitz.de/naturparkzentrum

⊙ 47

Wie der Tag am Naturparkzentrum am Wildgehege Glauer Tal aussehen soll, legt man am besten vor Ort je nach Lust und Laune fest. Kinder und Tierfreund*innen werden glücklich im Wildgehege mit Rotwild, Damwild und Mufflons, die die Offenflächen auf dem ehemaligen Truppenübungsplatz in Schuss halten. Bollerwagen, Fernglas und Entdeckerrucksack kann man vor Ort ausleihen, die Rundtour ist etwa vier Kilometer lang. Zurück am Naturparkzentrum geht es zum Forschen in die eigens angelegten Biotope der Glauer Felder – oder auf den großzügigen Spielplatz. Abenteuerfans wagen sich auf der anderen Seite des Ortes in die Glauer Berge auf einen sieben Kilometer langen Rundkurs. Die verschwurbelten Krüppelkiefern im Sand, die Flechten und Moose an den Hängen und die verwucherten Wege durch den Fliederwald sind beeindruckend.

BLANKENSEE

AUSFLUGSZIEL

⊙ 48

Gepflegte Häuser, Dorfkirche mit Feldsteinmauer, Bauernmuseum, Kunstatelier: In Blankensee ist das Landleben so idyllisch, wie Großstädter*innen es sich gern ausmalen. Am Straßenrand werden auf Tischchen Gemüse und Marmelade angeboten, das Geld wirft man in eine Blechbüchse. Die Dorfstraßen laufen als Feldwege in die umliegenden Wiesen und Wälder weiter und am Ufer der Seen entlang, die Teil des Naturparks Nuthe-Nieplitz sind. An Schönwetterwochenenden und am „Tag der Offenen Höfe“ (erster Sonntag im Mai und November) ist das Bilderbuchdorf gut besucht. Dann machen Wander- und Radlergruppen hier Pause, stärken sich mit ofenfrischem Kuchen der Landbäckerei *Röhrig* oder Fischbrötchen aus *Braußes Fischladen* oder beenden ihre Tour in der *Museumsschänke,* während sich die Kinder im weitläufigen Garten noch einmal austoben.

14959 Trebbin/OT Blankensee
naturpark-nuthe-nieplitz.de

BRITA MARX HISTORIE

ANTIK- UND SAMMLERMARKT

Frankenhof 3
14943 Luckenwalde
T 0172 3979700
brita-marx.de/antik-und-sammlermarkt

⊙ 49

In einem Zimmer lacht einen ein kunstvoll bemalter Bauernschrank an, im nächsten eine Chippendale-Anrichte, die Sammeltassen darauf möchte man sich am liebsten auch einpacken lassen. Auch Menschen mit außergewöhnlichen Interessen (DDR-Motorradketten, historische Türbeschläge, gusseiserne Säulen) werden auf dem Gelände mit 600 Quadratmetern Präsentationsfläche und 2.000 Quadratmetern Ausstellungsfläche unter freiem Himmel fündig. Die Geschichte, die Brita Marx selbst zum Sammeln brachte, ist auch nicht schlecht: Mit ihrer Entsorgungsfirma hatte sie den Auftrag, am Set des Films „Der Pianist" historische Gebäudeteile abzureißen. Weil sie den Schätzen, die dabei zutage traten, ein zweites Leben schenken wollte, eröffnete sie ihren Laden. Geöffnet ist Donnerstag bis Samstag.

E-WERK LUCKENWALDE

KUNSTZENTRUM

Rudolf-Breitscheid-Straße 73
14943 Luckenwalde
T 0371 4061780
kunststrom.com

⊙ 50

Sieben Jahrzehnte lang hatte das Kohlekraftwerk in Luckenwalde Stadt und Umland mit Strom versorgt – und mit einem feinen Grauschleier überzogen. Dann ging es den Weg vieler Industrien in Ostdeutschland: Es wurde nach der Wende zunächst als Aus- und Weiterbildungszentrum genutzt, stand dann aber mehrere Jahre leer. Bis es 2017 nach einer Energiesanierung glorios wiederauferstand. Nicht bloß als Kulturzentrum mit Ateliers, Werkstätten und eindrucksvollen Ausstellungen in Turbinenhalle und Maschinenraum. Sondern auch als richtiges E-Werk, das aus den Abfällen, die bei der Produktion hölzerner Kabeltrommeln in einer nahen Fabrik anfallen, Elektrizität produziert, die sich Kunststrom nennt und viele Haushalte der Region ökologisch unbedenklich beliefert. Kunst wärmt eben nicht nur das Gemüt.

WURZELBERG IM WILDNISGEBIET JÜTERBOG

WANDERWEG (7 KM)

⊙ 51

Auf dem ehemaligen Truppenübungsplatz bei Luckenwalde pflügten früher Panzer durch den Boden – und hinterließen eine grotesk zerklüftete Landschaft. Nun kann man hier kilometerweit wandern und ebenso weit in die Ferne schauen. Wer Glück hat, begegnet dem seltenen Wiedehopf, auch Wölfe wurden schon gesichtet. Eine Binnendüne, zum Ende der letzten Kaltzeit durch Erosion und Flugsandaufwehungen entstanden, erhebt sich zehn Meter hoch über eine Steppenlandschaft aus Besenheide, Pionierkiefern und Birken. Wichtig: wegen Munitionsresten im Boden auf den Wegen bleiben. Start- und Zielpunkt des sieben Kilometer langen Rundwegs ist der kleine Parkplatz an der Kreuzung Bundesstraße 101/An den Ziegeleien.

Start und Ziel:
An den Ziegeleien
14943 Luckenwalde

JÜTERBOG UND KLOSTER ZINNA

STADT UND KLOSTER

Kloster Zinna:
Am Kloster 6
14913 Kloster Zinna
T 03372 439505
kloster-zinna.com

⊙ 52

Am besten beginnt man ganz oben. In Jüterbog ist das auf einer schmalen Brücke in 70 Meter Höhe zwischen den Doppeltürmen der Kirche St. Nikolai. Von hier aus kann man über 1.000 Jahre Stadtgeschichte auf sich wirken lassen: die gotischen Kirchen, die vom Wohlstand der Fläming-Stadt im Mittelalter zeugen, die erhaltenen Teile der Stadtmauer, Wehrtürme, das Rathaus. 217 Treppenstufen tiefer, im Erdgeschoss des Jüterboger Wahrzeichens, steht die Geldtruhe des Ablasspredigers Johann Tetzel. Sein Motto „Wenn das Geld im Kasten klingt, die Seele in den Himmel springt", gab Martin Luther den Anstoß, im nahen Wittenberg seine 95 Thesen der Reformation zu veröffentlichen. Wenn man in der Gegend ist, sollte man sich gleich auch das drei Kilometer entfernte, 1170 gegründete Zisterzienserkloster Zinna mit frühgotischer Klosterkirche und schmucken Backsteingebäuden ansehen. Das Klostermuseum zeigt mittelalterliche Fresken und das älteste Buch Brandenburgs, in der Destillerie gibt es hauseigenen Kräuterlikör.

FLAEMING-SKATE

WEGENETZ FÜR INLINESKATER

⊙ 53

Den Fläming, diese faszinierende brandenburgische Kulturlandschaft, erkundet man am besten auf Rädern. Der *Flaeming-Skate* ist – obwohl auch für Radfahrer*innen offen – eigens für Inlineskater*innen ausgelegt, mit etwa 230 Kilometern wohl die längste Inlineskate-Bahn Europas. Ein Dutzend Rundkurse führen quer durch Brandenburg: vorbei an Bauhausarchitektur, durch barocke Altstädte und zu mittelalterlichen Klöstern, vor allem aber durch Felder, Wiesen voller Blausternchen, Narzissen und Krokusse, Pferdekoppeln, Wälder. Die Strecken variieren von kurzen familienfreundlichen Routen bis zu Herausforderungen für Ehrgeizige, die sich von 40-Kilometer-Etappen mit Gefälle nicht abschrecken lassen. In jedem Fall gibt es ausreichend Gelegenheit zu verschnaufen, Bänke, Cafés, sogar zwei Freibäder (in Oehna und Jüterbog), in denen man sich abkühlen kann, bevor man sich wieder die Rollen unterschnallt.

Start zum Beispiel:
Skate-Arena Jüterbog
Am Reitstadion, Gewerbegebiet Luckenwalder Berg
14913 Jüterbog
flaeming-skate.de

BOBALIS

HOFLADEN MIT FÜHRUNGEN

⊙ 54

Wenn Yogaklasse und Meditationsguru nicht zum Runterkommen reichen, klappt es sicher hier: Auge in Auge mit einem schweren schwarzen Wasserbüffel wird man ganz ruhig. Die schönen, sich sichelförmig nach oben drehenden Hörner. Das schwarze Fell. Die glänzende Schnauze. Augen, die hellwach jede Bewegung verfolgen. Seit 1998 weiden Wasserbüffel am Rande der südbrandenburgischen Kleinstadt Jüterbog, mittlerweile sind es 200. Jeden ersten Sonntagnachmittag im Monat kann man beim Versorgen der Tiere zusehen, denen es prächtig geht, denn sie werden hier artgerecht gehalten. Im Hofladen neben der Käserei bekommt man erstklassigen Büffelmozzarella, Scamorza und Burrata, außerdem Büffelfleisch und -wurst; und das Mango-Lassi aus Büffelmilch stillt den Durst.

Hauptstraße 30
14913 Jüterbog
T 03372 432988
bobalis.de

38 033
38 005

SCHLOSS WIEPERSDORF

KULTURSTIFTUNG, RESIDENZ FÜR KÜNSTLER*INNEN UND WISSENSCHAFTLER*INNEN

⊙ 55

Ist das Kunst oder kann das weg? Diese Frage stellen sich Künstler*innen und Kunstliebhaber*innen nicht erst seit Joseph Beuys. Was Kunst kann, darf, muss oder eben nicht, das diskutiert mit langer Tradition die Kulturstiftung Schloss Wiepersdorf. 1814 zogen Bettina und Achim von Arnim, das Traumpaar der deutschen Romantik, in das Gutshaus und prägten es als Ort geistigen Austausches mit Schwerpunkt auf der Literatur. Nach dem Zweiten Weltkrieg wurde das Schloss zur Arbeits- und Erholungsstätte für namhafte Schriftsteller*innen und Künstler*innen der DDR, darunter Christa Wolf und Arnold Zweig. Bis heute knüpft das Haus an diese Tradition und beherbergt internationale Künstler*innen aus allen Disziplinen sowie Wissenschaftler*innen – und kann deswegen seinem Publikum ein vielfältiges Residenzprogramm mit Lesungen, Konzerten, Ausstellungen und Kolloquien bieten.

Bettina-von-Arnim-Straße 13
14913 Wiepersdorf
T 033746 6990
schloss-wiepersdorf.de

STEINREICH LEBEN

UNTERKUNFT UND EVENTLOCATION

⊙ 56

Hier werden Träume wahr, von denen man nicht einmal gewusst hat, dass es sie gibt. Übernachten in einem schicken amerikanischen Schulbus zum Beispiel, das Doppelbett gleich neben dem Lenkrad, mit Küche, WLAN und Deko-Kakteen ausgestattet und nachts von Lichterketten illuminiert. Oder in einem Baumhaus, für das man nicht hoch hinausmuss, weil es gerade einen halben Meter über dem Waldboden schwebt. Im *Steinreich* von Madame Tina Raccah und Monsieur Enrico Molitor fällt es leicht, das Leben wieder ganz toll zu finden. Das 6.000 Quadratmeter große Gut mit Fachwerkwohnhaus, Scheunen, Gartensauna und genug Platz zum Spielen und Ausspannen ist ein magischer Ort für Freundeskreise, Großfamilien, Sommerfeste – und ausgelassenen Hochzeiten im Kuhstall. Buchen kann man ab drei Nächten.

15938 Steinreich/OT Schenkendorf
Schenkendorf 17
steinreich-leben.de

BLUE BIRD

Bernadottestraße
Reservoir

WILDPARK JOHANNISMÜHLE

WILDPARK

⊙ 57

Um einen der Braunbären, Polarwölfe oder Luchse zu Gesicht zu bekommen, muss man Geduld mitbringen. Aber so ist es nun einmal mit wilden Tieren: Sie bilden keine Empfangskomitees für Menschen. Die Kolleg*innen im Streichelzoo – unter anderem Zwergziegen, Kaninchen, Meerschweinchen – genießen die Aufmerksamkeit dafür umso mehr. Auf dem Hauptweg begegnet man alle paar Meter dem Rot-, Dam- und Muffelwild, das hier frei herumläuft. Nahe kommen einem auch die Greifvögel. Bei Flugshows drehen Adler, Schneeeulen und Falken ihre Runden manchmal so knapp über den Köpfen der Besucher*innen, dass man den Luftzug ihres Flügelschlags spürt.

Johannismühle 2
15837 Baruth/OT Klasdorf
T 033704 97011
wildpark-johannismuehle.de

BAHNHOF KLASDORF

CAFÉ

⊙ 58

Herrlich, wie hier die Sonne durch die alten Fenster scheint und hübsche geometrische Muster auf den Boden zeichnet. Überhaupt liegt ein merkwürdiger Zauber auf diesem alten Bahnhofshäuschen aus dem Jahr 1907 mit seinen unverputzten Wänden, alten Holzbalken und den einfachen Tischen mit hübschen Blumen darauf. Drum herum Wiesen und Wald. Dazu gibt es einen anständigen Filterkaffee oder eine Spezialität aus der italienischen Siebträgermaschine, hausgemachte Schoko-Orangen-Torte oder ein Merzdorfer Landbrot mit Urstrom-Käse und Wein aus der Region. Das perfekte Setting für einen Sonntagnachmittag also – der einzige Tag, an dem das Café, zwischen 13 und 18 Uhr, geöffnet hat. Und so sitzt man da, lässt es sich gut gehen und die Gedanken wandern und merkt dabei, dass es die kleinen Dinge im Leben sind, die die größte Freude bereiten.

Am Bahnhof Klasdorf 1
15837 Baruth/OT Klasdorf
Haltepunkt RE 5
T 033704 67928
bahnhof-klasdorf.de

MUSEUMSDORF BARUTHER GLASHÜTTE

HANDWERKER-COMMUNITY, FERIENWOHNUNGEN

⊙ 59

Seit dreihundert Jahren wird hier schon Glas geblasen. Den Wannenofen, der bis zur Schließung der Produktion 1980 in Betrieb war, kann man noch immer sehen, heute glüht die Hitze in modernen Öfen. Von einer Tribüne aus kann man den Glasmacher*innen zuschauen und sogar selbst die Glasmacherpfeife ansetzen und eine Kugel blasen. Das Museum informiert über das Leben in der Werkssiedlung, während eine andere Ausstellung den berühmtesten Sohn des Ortes vorstellt – den Erfinder der Thermosflasche. Nach der Mittagspause im Gasthaus oder *Dorf Konsum* kann man den Spielplatz oder den Naturlehrpfad erkunden, im Museumsdorf Töpfer*innen über die Schulter gucken oder sich im Leinenkontor und der Galerie *Packhof* umschauen. Falls ein Tag Glashütte nicht reicht, kann man in liebevoll eingerichteten Ferienwohnungen übernachten. Geöffnet ist ganzjährig von Dienstag bis Sonntag, bei einzelnen Läden sind Abweichungen möglich.

Hüttenweg 20
15837 Baruth/Mark
T 033704 980914
museumsdorf-glashuette.de

"Bebel" Abt.Schlow
-Erfüllung der WP
Ist
Plan
Ist

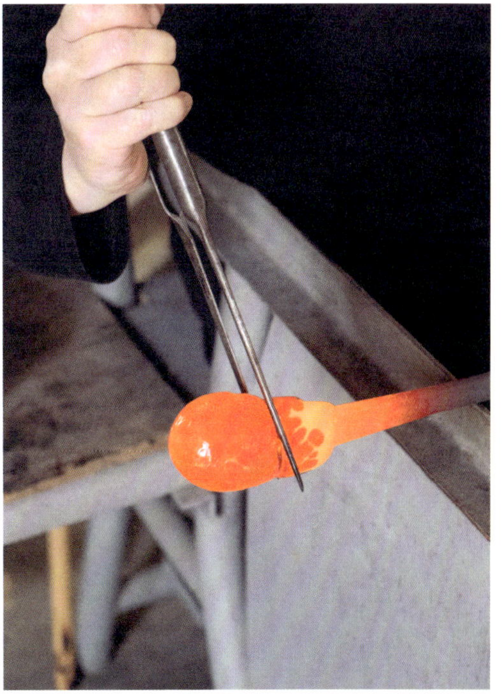

SCHLOSS STÜLPE

UNTERKUNFT UND EVENTLOCATION

Schönefelder Chaussee 17
14947 Nuthe-Urstromtal/OT Stülpe
T 033733 60937
schloss-stuelpe.de

⊙ 60

Hat man die Schwelle von *Schloss Stülpe* überschritten, wird man von einem Gefühl erfasst, das sich nur schwer beschreiben lässt. Vielleicht ist es die Nähe des Vergangenen, die das Herz gleichzeitig leicht und schwer macht. Oder der Zauber des Unfertigen. Jedenfalls kann man sich kaum sattsehen an den vielen Zimmern, den barocken Möbeln, den bunten Teppichen und den unzähligen kuriosen Gegenständen. Das letzte Original – so nennen die Herrschaften vom Landesamt für Denkmalpflege dieses herrschaftliche und doch intime Haus. Ein Original ist auch das Ehepaar Rupilius, das alles dafür tut, das Schloss als historische Rarität zu erhalten. Die Baumaterialien, Möbel und Gegenstände kommen aus der ganzen Welt. So wie viele der Gäst*innen. 102 Personen können in den Schlosszimmern und in den Gästewohnungen in der ehemaligen Schmiede, dem Gästehaus oder dem früheren Gutsstall übernachten oder große Feste feiern. Außerdem haben hier Pferde Platz. Und selbst der Pferdestall mit seinem originalen Fliesenspiegel aus Meißener Wandfliesen ist einmalig in der Mark Brandenburg.

BAHNHOF REHAGEN

SCHLAFWAGENHOTEL, BISTRO UND EVENTLOCATION

Am Bahnhof Rehagen 1a
15838 Rehagen/Am Mellensee
T 033703 689692
bahnhof-rehagen.de

⊙ 61

Wer liebt nicht dieses wohlige Schwanken im Zug, das einen früher oder später sanft in den Schlaf rattert, während draußen die Landschaft vorbeizieht. Zugfahren ist Entschleunigung bei 300 Stundenkilometern. Im Bahnhof Rehagen lässt sich dieses Gefühl noch etwas länger auskosten – bei 0 km/h. Übernachten kann man im historischen Bahnhofsgebäude oder auf den stillgelegten Gleisen nebenan – in originalgetreu restaurierten Waggons der Transsibirischen Eisenbahn, die kurz vor der Wende gebaut wurden, aber dann nie losgefahren sind. Ein Highlight insbesondere für Kinder und Nostalgiker.

ERLEBNISBAHN

DRAISINEN-TOUR

⊙ 62

Man kennt sie aus alten Western oder Comics: die Draisine. Die Laufmaschine, wie sie von ihrem Erfinder Karl Friedrich Freiherr Drais von Sauerbronn sachlich genannt wurde, ist das erste gelenkte Zweirad, eine Art Ur-Fahrrad also. Später auf die Schiene gesetzt, nutzte die Eisenbahn Draisinen vor allem zur Überprüfung, Instandhaltung und Reparatur ihrer Gleisstrecken. Während früher ein Hebel mit purer Armkraft hoch- und runtergedrückt werden musste, werden die Modelle der Gegenwart meistens über Fußpedale und manchmal auch mit elektrischer Unterstützung angetrieben. Die Erlebnisbahn bietet unterschiedlich große und unterschiedlich betriebene Draisinen an, mit denen man einen halben oder einen ganzen Tag auf den Gleisen der früheren „Königlich Preußischen Militäreisenbahn“ durch das Baruther Urstromtal im Fläming fahren kann. Es geht durch Felder, Wälder und Wiesen, im Winter durch die verschneite Landschaft. Gestartet, pausiert oder beendet werden die Fahrten an den Draisinenbahnhöfen Zossen oder Mellensee. In Mellensee gibt es außerdem eine Minigolf-Anlage, Spaßfahrräder und einen Biergarten. Tipp: Picknickkorb dazu buchen und Badesachen einpacken!

Station Zossen:
An den Wulzen 23
15806 Zossen

Station Mellensee:
Am Bahnhof Mellensee 3
15838 Am Mellensee/OT Mellensee
T 03377 3300850
erlebnisbahn.de

Auf dem Wasser in Brandenburg

CAMPING- UND STELLPLÄTZE

POTSDAM

Campingpark Sanssouci
An der Pirschheide 41, 14471 Potsdam
T 0331 9510988, camping-potsdam.de
Geöffnet: Mai bis Januar

Campingplatz Himmelreich
Wentorfinsel 38
14548 Schwielowsee/OT Caputh
T 033209 70475
berlin-potsdam-camping.de
Geöffnet: ganzjährig

Stellplatz am Templiner See – Kongresshotel Potsdam
Am Luftschiffhafen 1, 14471 Potsdam
T 0331 9070, kongresshotel-potsdam.de
Geöffnet: ganzjährig

POTSDAM-MITTELMARK UND BRANDENBURG AN DER HAVEL

Stellplatz an der Stadtmarina
Am Hafen 7, 14770 Brandenburg
T 03381 8908100
stadtmarina-brandenburg.de
Geöffnet: ganzjährig

Fläminger Weideschwein
Zur Wühlmühle
14806 Bad Belzig/OT Nescholz
T 0173 3617975, fläminger-weideschwein.de
Geöffnet: ganzjährig (via Landvergnügen)

Syring-Hof
Trebbiner Straße 69f, 14547 Beelitz
T 033204 63800, syringhof.de
Geöffnet: April bis November
(via Landvergnügen)

Strandbad Lehnin & Camping
Zum Strandbad 49, 14797 Kloster Lehnin
T 0171 9793941, strandbad-lehnin.de
Geöffnet: ganzjährig

Oki's Bahnhof
Bahnhof, 14806 Planetal/OT Dahnsdorf
T 0172 6011895, bahnhof-dahnsdorf.com
Geöffnet: ganzjährig (via Landvergnügen)

Campingplatz Icanos e. V.
An der Lehnmarke, 14554 Seddiner See
T 033205 62967, campingplatz-icanos-ev.de
Geöffnet: ganzjährig

Campingplatz Hoher Fläming
Bergstraße 24a, 14823 Rabenstein/Fläming/
OT Rädigke
T 033848 60029, niemegkerland.de
Geöffnet: April bis Oktober

Campingclub Flottstelle 90 e. V.
Schwielowseestraße 200, 14548 Schwielowsee
T 0333209 70497, campingclub-flottstelle.de
Geöffnet: ganzjährig

TELTOW-FLÄMING

Aves cantus
Vogelsang 88, 14913 Blönsdorf
T 0179 3515725
instagram.com/aves_cantus
Geöffnet: März bis Dezember
(via Landvergnügen)

Dahmequell Landprodukte
Schöna 13, 15936 Dahme/Mark
T 0151 27007787
dahmequelllandprodukte.de
Geöffnet: ganzjährig (via Landvergnügen)

Wohnmobil-/Zeltstellplatz des Fahrradverleih Daske
Neuendorfer Straße 16a
15838 Am Mellensee/OT Sperenberg
T 033703 7460, fahrradverleih-daske.de
Geöffnet: ganzjährig

Campingplatz am Motzener See
Seestraße 17, 15806 Zossen/OT Kallinchen
T 033769 50381, camping-kallinchen.de
Geöffnet: ganzjährig

Zesch am See
Zum Campingplatz 20
15806 Zossen/OT Zesch
T 033704 66031
campingplatzzeschamsee.de
Geöffnet: April bis Oktober

NaturParkZentrum am Wildgehege Glauer Tal
Glauer Tal 1, 14959 Trebbin/OT Blankensee
T 033731 700460
naturpark-nuthe-nieplitz.de
Geöffnet: ganzjährig

Campingplatz „Am Blanken See"
Ruhemannweg 57a, 14959 Trebbin
T 033731 10576
Geöffnet: ganzjährig

Camp Dobbrikow
Am Glienicksee 2, 14947 Nuthe-Urstromtal
T 033732 40327, camp-dobbrikow.de
Geöffnet: ganzjährig

DIE WOCHENENDER-REIHE

DAS REISEBUCH ZUM RUNTERKOMMEN

NORDSEEKÜSTE

Dithmarschen, Eiderstedt, Nordfriesland, Halligen

In der unendlichen Weite, die sich in dieser von Wetter und Gezeiten archaisch geprägten Gegend erfahren lässt, wird der Mensch ganz klein. Auf wunderbare Weise mit verkleinert werden die Sorgen und der Stress des Alltags.

ISBN: 978-3-9819748-6-7

OSTSEEKÜSTE

Hohwachter Bucht, Fehmarn, Lübecker Bucht, Wismarer Bucht

Die Weite des Himmels, das Licht über dem Meer. Der Geruch der Wälder. Die stillen Seen, die romantischen Fischerdörfchen und die beschaulichen Kleinstädte. Wie könnte man sein Herz da nicht verlieren?

ISBN: 978-3-9819748-2-9

LÜNEBURGER HEIDE

Harburg, Heidekreis, Lüneburg

Auf unserer Reise durch die Heide haben wir die Region vor, während und nach der Blüte erlebt. Wir haben gesehen, wie bei Sonnenschein die Blüten leuchten, und haben entdeckt, wo man es sich bei Nieselregen am gemütlichsten macht.

ISBN: 978-3-9819748-3-6

DIE ELBE

Von Cuxhaven bis Wittenberge

Entsprungen im tschechischen Riesengebirge nimmt die Elbe im deutschen Norden ihren Weg vorbei an malerischen Städtchen, erweckt den Hamburger Hafen zu tosendem Leben, bis sie bei Cuxhaven in die Nordsee mündet.

ISBN: 978-3-9819748-4-3

SEEN UND WÄLDER

um Hamburg

Während der Badesee der natürliche Schauplatz von Sommer, Freiheit und langen Tagen ist, lädt der Wald mit mythischer Kraft eher zur Einkehr bei sich selbst ein. In diesem Buch haben wir die schönsten Seen und Wälder um Hamburg zusammengebracht.

ISBN: 978-3-9819748-5-0

NORDSEEKÜSTE

St. Peter-Ording, Eiderstedt

Ein weiter Strand, alles an ihm rau, stürmisch und großartig. St. Peter-Ording ist ein Klassiker. Umso erstaunlicher, dass Eiderstedt bis heute fast ein Geheimtipp geblieben ist. Dabei ist die Halbinsel so etwas wie der Inbegriff der deutschen Nordseeküste.

ISBN: 978-3-9819748-7-4

HOFLÄDEN UND MANUFAKTUREN

um Hamburg

Wo gibt es das beste Gemüse direkt vom Feld, Brot aus eigenem Korn und handgemachte Keramik? In diesem Buch zelebrieren wir Genuss und Kunsthandwerk und zeigen die schönsten Hofläden und Manufakturen um Hamburg.

ISBN: 978-3-9819748-8-1

BRANDENBURG NORDOSTEN

Uckermark, Barnim, Märkisch Oderland

Lange war Brandenburg unterschätzt. Doch vor allem die wilde, weite Uckermark und die angrenzenden Landkreise nordöstlich von Berlin haben alles, was man für kleine Stadtfluchten braucht. Die Natur konnte sich hier ungehemmt ihren Platz bewahren.

ISBN: 978-3-9822646-0-8

LIEBLINGSORTE FÜR FAMILIEN

in und um Hamburg

Schaukeln, rutschen, Abenteuer! Dieser WOCHENENDER inspiriert Eltern und Kinder, Hamburg und Umgebung gemeinsam zu entdecken. Drinnen und draußen. Bei jedem Wetter. Mitten in der Stadt und über die Stadtgrenzen hinaus.

ISBN: 978-3-9822646-2-2

IMPRESSUM

HERAUSGEBERIN
Elisabeth Frenz
Frenz Verlag GmbH
Hinter der Lieth 2, 22529 Hamburg

IDEE & KONZEPT
Elisabeth Frenz

ART DIREKTION
Alisa Karabut

REDAKTIONSLEITUNG
Sabrina Waffenschmidt

TEXTCHEFS
Peter Praschl, Okka Rohd

TEXT
Nikolai Antoniadis, Angela Misslbeck,
Julia Schoon, Sabrina Waffenschmidt,
Theresa Wißmann, Christiane Würtenberger

GRAFIK
Inka Schnettler, Hannah Pohlmann

KARTENILLUSTRATION
Hana Sedelmayer

BILDBEARBEITUNG
Martina Drignat

SCHLUSSREDAKTION
BHL Medienprojekte

REDAKTIONELLE MITARBEIT
Tammy Langhinrichs

FOTOGRAFIE
Madlen Krippendorf: Cover, S. *186–187*
Doro Zinn: S. *8–9, 14–19, 24–27, 30–31, 40–47, 58–63, 66 r., 67, 92–93, 104–105, 126–129, 172–173*
Sina Schwarz: S. *21–23, 49, 64–65, 73–81, 88–91, 98–99, 102–103, 106–115, 118–125, 140–145, 148–149, 154–157, 160–161, 164–171, 175–177*
Stiftung Großes Waisenhaus zu Potsdam: S. *29*
SPSG/Leo Seidel: S. *33*
Botanischer Garten der Universität Potsdam S. *36*
Luca Girardini: S. *36–37*
Johannes Nadeno: S. *38–39, 52–53, 69–71, 83–87, 94–95, 131–133, 146–147, 150–153, 159, 185*
Shutterstock: S. *51*
Yvonne Schmedemann: S. *66 l.*
Sven Sonnenberg: S. *96*, Udo Dahms: S. *97*
André Gehrmann: S. *100*; Gut Wendgräben: S. *101*
Tilman Vogler: S. *116–117*
Grischa Georgiew/Adobe Stock: S. *135*
AlisaKa: S. *158, 178–181, 182 l., 183*
Dirk Bleicker: S. *163*
Bahnhof Rehhagen: S. *182 r.*

Alle Bücher der WOCHENENDER-Reihe sind im Buchhandel, in ausgewählten Concept Stores sowie über **wochenender-buch.de** erhältlich.

Blog: wochenender-buch.de
Instagram: @wochenender_buch
Facebook: @wochenender
Pinterest: @wochenender

2. Auflage, November 2021
Druck und Bindung: optimal media GmbH, Röbel/Müritz

ISBN: 978-3-9819748-9-8

hallo@frenz-verlag.de
wochenender-buch.de

FSC www.fsc.org MIX Papier aus verantwortungsvollen Quellen FSC® C108521